Los Chinos

Jonathan Clements

Traducción:
Javier Parra Chapa

EDITORIAL TRILLAS

México, Argentina, España
Colombia, Puerto Rico, Venezuela

¿QUIÉNES ERAN LOS ANTIGUOS CHINOS?

CULTURA YANGSHAO

La población de Yangshao, que floreció alrededor del 4500 a. C., fue una de las primeras civilizaciones de que se tenga registro en China. Vivían en chozas de paja en forma de pirámide, criaban perros y cerdos y trabajaban la alfarería. Las tribus eran regidas por mujeres, la propiedad pasaba en línea femenina de hija a hija, y ellas tenían tumbas más ricas y mejor decoradas que las de sus contrapartes masculinas.

China es grande. Abarca desde los helados desiertos de Siberia hasta las islas tropicales del Ecuador. La vida era tan incierta en las márgenes de sus gigantescos ríos Yang Tse-Kiang y Amarillo, y la gente tan numerosa, que quien deseara gobernar parte de China se veía obligado a tomarla toda, o a intentarlo. Las fronteras de China han cambiado constantemente a lo largo de los miles de años de su civilización, que es una de las más antiguas y más avanzadas culturas del mundo. Originalmente formado por varios estados enemigos, el país fue unido en 221 a. C. cuando el rey Chen de Qin conquistó a sus enemigos y se proclamó primer emperador. Su familia, o dinastía, gobernó sólo algunos años hasta que fue derrocada. Desde entonces, cada periodo de la historia china ha recibido el nombre de la familia gobernante.

RIQUEZAS IMPERIALES

Desde la dinastía Qin, han habido muchas dinastías (familias gobernantes), cada una reclamando gobernar el mundo en nombre del Cielo. El poder de los emperadores chinos llegaba lejos y les aportó tributos de toda Asia. A través del tiempo, sus riquezas atrajeron a talentosos artesanos, como los creadores de este jarrón de la dinastía Ming.

EL ÚLTIMO EMPERADOR

No todos los emperadores eran chinos. La dinastía Yuan eran invasores mongoles descendientes de Genghis Khan. La dinastía Qing manchú gobernó durante más de 200 años. Su hegemonía acabó en 1912 cuando su emperador Xuan Tong (nombre personal: Pu Yi) fue depuesto. Nacido en 1906 y nombrado emperador a la edad de 3 años, Pu Yi resultó ser el Último Emperador.

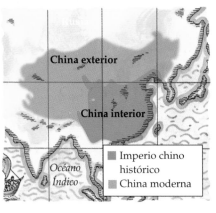

China exterior

China interior

Océano Índico

- ■ Imperio chino histórico
- ■ China moderna

CHINA INTERIOR Y EXTERIOR

China comúnmente se divide en dos áreas. La China interior, el área alrededor de las cuencas de los ríos Amarillo y Yang Tse-Kiang, es el centro del imperio chino histórico, y ha mantenido una civilización continua desde la Edad de Piedra. La China moderna o exterior incluye Manchuria, Mongolia interior, Xinjiang y Tíbet; inmensas áreas de terreno que los chinos consideraban países extranjeros hasta hace relativamente poco tiempo.

EL REINO MEDIO

El nombre chino para su país es Zhong Guo (El Reino Medio), pues se creía que era el centro del mundo. El símbolo para medio consiste en una línea que pasa por el centro de un agujero. El símbolo del reino muestra a un rey con una joya, rodeada por un cuadrado para significar las fronteras de su reino.

DINERO ANTIGUO

Esta moneda de bronce (c. 220 a. C.) es circular para representar la Tierra y tiene un agujero cuadrado que representa el Cielo. El símbolo de la derecha significa "concha", dado que desde la dinastía Shang se usaron conchas de cauri como moneda. Los primeros Estados chinos desarrollaron su propia moneda, que incluía bloques de té y cuentas de metal. Durante el reinado del Primer Emperador, se estandarizaron las monedas en todo el imperio.

DINASTÍAS

2100-1600 a. C.
Dinastía Xia (Legendaria)
1600-1100 a. C.
Dinastía Shang (sólo en el norte de China)
1100-221 a. C.
Dinastía Zhou (sólo en el norte de China)

CHINA IMPERIAL

221-207 a. C.
Dinastía Qin
206 a. C.- 220 d. C.
Dinastía Han
220-280
Periodo de los Tres Reinos
265-420
Dinastía Jin
420-589
Dinastías del Sur y del Norte (incluyen Song, Qi, Liang, Chen, Wei del Norte, Este y Oeste, Qi del Norte y Zhou del Norte)
581-618
Dinastía Sui
618-907
Dinastía Tang
907-979
Cinco dinastías y diez reinos
960-1279
Song (Norte y Sur)
916-1125
Liao
1115-1234
Kin
1271-1368
Yuan (toma del poder de los mongoles)
1368-1644
Ming
1644-1912
Qing (toma del poder de los manchúes)
1912
Último emperador (depuesto)

CHINA POSIMPERIAL

1912-1949
República
De 1949 al presente
República Popular (régimen comunista)

EL SISTEMA DE EXÁMENES

En tiempos de guerra, las proezas en el campo de batalla podían ayudar a alguien a ascender peldaños en la escala social. En tiempos de paz, la única forma de avanzar era haciéndose funcionario. Para lograrlo, los estudiantes chinos tenían que presentar agotadores exámenes que consistían en memorizar pasajes de poemas y relatos. Sin embargo, una calificación aprobatoria duraba sólo un periodo limitado y regularmente tenían que presentar nuevos exámenes o perdían las posiciones que habían alcanzado.

La sociedad china tenía una jerarquía rígida, en la que el emperador estaba en la cima y los campesinos en la base. La mayor parte de lo que queda de la China antigua tiene relación con la vida de los ricos y poderosos, pues sólo sus objetos resistieron el paso del tiempo. Dado que los antiguos chinos inventaron el papel, muchos de sus documentos se perdieron con mayor rapidez que los de culturas menos avanzadas cuyos documentos fueron tallados en piedra o escritos en pergamino. Pocos edificios quedan, pero los objetos encontrados en las tumbas nos han proporcionado evidencias de cómo vivía la gente en la antigua China.

CONSULTA DEL ORÁCULO

Desde los primeros días de la dinastía Shang (1600-1100 a. C.), quienes podían pagar una guía divina la buscaban en un adivino. Se presionaba un señalador caliente contra la parte interna de un caparazón de tortuga mientras se formulaban preguntas. Se interpretaban las grietas resultantes y las respuestas se grababan en el caparazón como un registro permanente.

NOBLEZA DESCENDENTE

Había cinco rangos en la antigua nobleza china: Gong, Hou, Bo, Zi y Nan, que equivalían aproximadamente a duque, marqués, conde, vizconde y barón. Los títulos nobiliarios chinos eran hereditarios, pero perdían valor con el tiempo. Si una familia no hacía algo que justificara su rango, la siguiente generación descendía un rango, hasta que el tataranieto del noble original se convertía en un plebeyo. Sin embargo, los herederos de Confucio (véase pág. 28) siempre conservaron el rango más alto.

LA CASA DE UN HOMBRE RICO

Se decía que el diseño de la casa de una persona afectaba directamente en la fortuna del ocupante. Quienes podían permitírselo, se aseguraban de que su casa estuviera posicionada para evitar malos espíritus y malos vientos. La presencia de la mala fortuna de otras personas podría acarrear el desastre, y se decía que la casa del perfecto caballero estaba en la silenciosa campiña; la casa en la ciudad era un mal que debía evitarse.

DEMASIADO RICO PARA TRABAJAR

Las uñas largas eran una señal de que una persona era rica y no tenía que hacer trabajo manual. Muchos chinos se dejaban crecer por lo menos una uña, pero los muy ricos se dejaban crecer las diez uñas. Estos protectores de uñas pertenecieron a Zi Xi, emperatriz viuda de la dinastía Qing (1835-1908), cuyas largas uñas eran cuidadosamente manicuradas.

EL SELLO DE AUTORIDAD

Las cartas, los documentos, las órdenes e incluso las pinturas tenían el sello del dueño: una representación estilizada de su nombre. Los documentos no eran aceptados como auténticos si no llevaban esta marca. Los plebeyos y funcionarios de bajo nivel estampaban en rojo, mientras que los de alto rango usaban el color malva. En tiempos de luto nacional, se usaba tinta azul en todos los sellos. Los sellos modernos miden alrededor de un centímetro cuadrado, pero la firma oficial del emperador era tan grande que debían sostenerla dos personas.

PIEDRA MÁGICA

El jade era muy apreciado por los ricos. Como cualquier piedra, podía romperse pero nunca deformarse, lo que la convertía en un símbolo de honor y constancia. También se rumoreaba que el jade tenía poderes mágicos. Siendo una piedra a la que difícilmente se le puede dar forma, tenía que lijarse con empeño hasta lograr la forma requerida.

LA VIDA DE LOS POBRES

l trabajo físico era una tarea para los pobres y eran obligados a convertirse en jornaleros, albañiles y agricultores para sostener a los ricos. La imposición de tributos se introdujo alrededor del 600 a. C. y los campesinos tenían que apoyar las guerras sirviendo en el ejército o proporcionando materiales, comida y dinero. Las familias campesinas dependían en gran medida de los miembros que podían trabajar, mientras que los ancianos y niños eran una carga constante. Sin embargo, los ancianos eran considerados con respeto y a los niños se les criaba para compartir el trabajo. El respeto a los mayores se mantenía incluso después de la muerte, pues se creía que los antepasados ofrecían oraciones para ayudar y proteger a la familia. Muchos campesinos no poseían tierra. Eran siervos-arrendatarios de propietarios que podían castigarlos por no trabajar lo suficiente, lo que se traducía en una mínima oportunidad de ganar dinero extra para comprar tierras.

TRABAJO DURO

La vida agrícola china era dura. En mayo y junio de cada año había un torbellino de actividad: plantar, cosechar, trasplantar las matas de arroz y recolectar los gusanos de seda. Entre noviembre y febrero, habiendo poca actividad, la mano de obra del largo verano se convertía en bocas hambrientas que alimentar. Al trabajar descalzos en el arrozal sobre el estiércol, los coolíes (jornaleros) quedaban expuestos a las enfermedades. Tales penalidades llevaron a los chinos a escribir "coolie" con las palabras usadas para designar amargura y fuerza: kuli.

LA FUERZA DEL BUEY

Lo ideal era tener un buey para tirar del arado en los arrozales. No siempre era fácil conseguir uno, ya que la mayoría de las manadas estaban en las estepas de la China exterior, mientras que las granjas estaban en la China interior. En algunas zonas había "boyeros" que alquilaban sus animales, pero la mayoría de los campesinos eran tan pobres, que tenían que trabajar sus campos a mano.

LA VIDA EN LA CIUDAD

Se consideraba un feng shui malo (véase pág. 15) vivir muy cerca de otros, pues los destinos podían entrelazarse. El país era espacioso, pero la gente menos afortunada tenía que vivir en las ciudades atestadas, compartiendo los infortunios del vecino. Tanto en la ciudad como en el campo, las familias pobres vivían juntas bajo un mismo techo, casi siempre común, dormían y vivían en el mismo cuarto, y a veces lo compartían con sus animales.

MARINEROS DE TIERRA

Los pobres y quienes vivían cerca del mar a menudo se volvían pescadores; éste era un trabajo rudo, con el riesgo constante de ataques de piratas.

Los pescadores chinos raramente se alejaban de la costa, y por lo general navegaban en parejas por seguridad. A un barco chino pequeño se le llamaba sampán, aunque hoy a los botes grandes y pequeños se les conoce como juncos (de la palabra malaya *jong*: barco grande).

ALIMENTOS Y BEBIDAS

PESCA CON CORMORÁN

La caña y el hilo no eran la única manera de pescar. Las lámparas de los botes de pesca atraían a los peces a la superficie, donde los cormoranes entrenados los sacaban del agua. Cada ave tenía un collar que le impedía tragar a su presa. El pescador obligaba al pájaro a escupir el pez, y luego lo enviaba de nuevo al agua. Hoy día se sigue practicando la pesca con cormorán.

l inmenso territorio Chino determinó que sus diferentes regiones fueran casi como otros países. Cada una tenía sus propios cultivos y platos, y los distintos estilos de cocinar existen todavía. En el sur de China, la comida cantonesa se cocinaba ligeramente en aceite caliente; mientras que en el norte de la cuenca del Yang Tse-Kiang se tomaba más tiempo preparar las salsas agridulces. A diferencia de otras cocinas regionales, el arte culinario tibetano, mongol y manchú usaba muchos productos lácteos, mientras que la provincia costera de Fujian se especializaba en delicados platos de mariscos. El peculiar sazón condimentado de Sichuan se logró sólo después de la introducción del chile americano en el siglo XVI.

ARROZ Y CULTURA DEL ARROZ

Durante la dinastía Tang (618-907) se introdujeron las variedades de arroz de rápida maduración de Vietnam. Los canales construidos para el transporte y el alivio del hambre en China también llevaban agua a las áreas remotas. Ésta se elevaba hasta los campos mediante un sistema de cadena y paletas operados mediante un cigüeñal. Estos cambios, además del desarrollo de nuevas herramientas, como la grada, hicieron al cultivo del arroz esencial para alimentar a la creciente población de China. Sin embargo, la dependencia en un solo tipo de alimento podía causar problemas. Si se perdía la cosecha de arroz, el hambre afectaba a toda la población.

EL TRIGO Y EL MIJO

La comida principal en la China antigua era el mijo, que era molido como harina gruesa. Alrededor del año 500, las mejoras en la molienda del trigo hicieron a éste más popular y pasó a ser el ingrediente principal en la mayoría de los platos de fideos.

TODO EL TÉ DE CHINA

El té, o *cha*, era una bebida popular entre ricos y pobres, y se podía adquirir en muchas variedades para satisfacer cada gusto y bolsillo. Para el conocido té rojo se tostaban las hojas. Otros tipos de té, que se obtenían con procesos y sabores diferentes, podían probarse en una casa de té, un popular lugar de reunión en la antigua China. En el dialecto local del sur de China, *cha* se pronunciaba *tay*, de la cual se derivó la palabra té. Todas las variedades de té moderno descienden del original chino.

LOS PALILLOS

En China había poco metal, y los cocineros de la antigüedad picaban la comida antes de servirla. Los diminutos bocados se podían pinchar fácilmente con ramitas de madera, o palillos. La palabra china para los palillos es *kuaizi* (apurador) porque apuran la comida a la boca. Los palillos se usaban con un cuenco ligero para que el usuario pudiera manejar la comida más fácilmente.

UN SABOR EXÓTICO

En la antigua China crecían muchas hortalizas y frutas exóticas. Entre éstas se encontraba el lichi (izquierda), el longan (ojos de dragón), las castañas de agua, los chícharos de nieve, los melones amargos y la col china (bak choi: "vegetal blanco"). Todas éstas contribuyeron al peculiar sabor y textura de la comida china.

PASATIEMPOS

Había pasatiempos buenos y malos, dependiendo del gobierno imperial. Se consideraba que cantar alabanzas al emperador, asistir a obras aprobadas y el entrenamiento marcial eran una buena forma de fortalecer a la nación. Beber en exceso, el juego y las conductas indecentes eran reprobables. Las obras que ridiculizaban a la dinastía gobernante estaban prohibidas.

EL LIBRO DEL CAMBIO

El I Ching es un antiguo sistema de adivinación. Se consulta tirando al azar ramitas, dados o monedas, lo que permite formar los trigramas. La ilustración muestra los ocho trigramas, que se combinan entre sí para dar forma al número que remitirá al texto (de un total de 64) que contiene las respuestas a preguntas personales importantes.

AJEDREZ CHINO

El ajedrez fue inventado en India, pero los chinos ya lo habían adoptado hacia el año 570. El ajedrez chino es muy diferente de la versión común. Se juega en una tabla de 64 casillas, pero las piezas se mueven a lo largo de las líneas entre ellas, y los reyes no pueden dejar sus palacios de cuatro casillas. Las 32 piezas son todas del mismo tamaño y forma, y cada una tiene inscrita su función. El tablero de ajedrez chino cuenta con caballos, carros, ministros y soldados, y también tiene elefantes, guardias y cañones.

LA ÓPERA CHINA

La música y el canto, populares desde el siglo VII, derivaron con el tiempo en la ópera china. Todos los actores eran hombres. Éstos representaban cuatro clases de papeles: Sheng (emperadores, generales, señores), Qing (villanos, rebeldes, bandidos), Dan (papeles femeninos) y Chou (cómicos).

LECTURA DEL FUTURO

La antigua China tenía su propio sistema para adivinar la suerte, incluso la lectura del rostro que observaba las marcas y líneas de la cara y el I Ching. Con el tiempo se desarrollaron otros sistemas y se podía encontrar a menudo en las calles astrólogos y adivinos que leían la palma de la mano.

EL *LIBRO DE CANCIONES*

Para informar al emperador del estado de ánimo del pueblo, se estableció una agencia gubernamental llamada Yue-fu en el año 120. Sus oficiales viajaban regularmente por la campiña anotando las canciones que escuchaban. Estos registros sobreviven como el *Libro de canciones*, quizá el compendio de música popular más antiguo del mundo. Algunos de los primeros instrumentos chinos fueron el carillón de piedra, las flautas de bambú, la pipa (laúd), el huiqin (violín) y el qin (cítara), que aparecen en la ilustración.

VOLAR ALTO

Ya en el siglo II se usaban en China las cometas con fines bélicos. Los médicos recomendaban volar cometas como una actividad para los niños, pues al jalar la cabeza hacia atrás y abrir la boca refrescaban los niveles de energía del cuerpo. Los primeros cometas tenían forma de milano, el pájaro que les dio nombre, pero posteriormente se incluyeron formas de dragón (que trataban de cortarse la cola), cometas que podían transportar a un explorador humano y cometas explosivas que llevaban cohetes en sus cordones. Esta cometa moderna parece una versión de la era espacial de un dragón enroscado.

TITIRITEROS

El arte de los títeres se originó en China y todavía sigue siendo una forma común de entretenimiento en Asia. Aunque una vez los títeres salvaron la vida de un emperador. En 206 a. C., se manipularon títeres gigantes sobre los muros de una ciudad para convencer a los rebeldes sitiadores de que el emperador Gao Zi todavía se encontraba dentro. Cuando se descubrió la artimaña, él ya había huido.

MODA

La gente común de la antigua China vestía ropa hecha principalmente de cáñamo o ramina. En el siglo XIV se empezó a sembrar algodón traído del sur de Asia, que resultó más cálido y rentable. La ropa no era sólo un artículo para mantener caliente el cuerpo, sino también un importante indicador de la posición social, y los funcionarios de alto rango debían cuidar su apariencia. La ropa china se decoraba a menudo con animales míticos para proteger al usuario del mal y atraer la buena fortuna. La mayoría de los dragones tenía tres o cuatro garras en cada miembro. Los dragones con cinco garras eran reservados para la familia imperial.

REFRESCÁNDOSE

Los primeros abanicos eran tablas planas y rígidas usadas por hombres y mujeres para mantenerse frescos. La variedad plegable fue inventada en el siglo IV en Japón, y fue adoptada por los chinos antes del siglo XI. Entre los ricos era importante contar con el abanico acorde a la estación; escribir o pintar en el abanico de alguien era muestra de amistad. Una esposa abandonada recibía el nombre de "abanico de otoño".

EL MISTERIO DE LA SEDA

La seda era uno de los artículos más importantes de China y su manufactura rebasa los 2000 años. La ruta de la seda era la larga vía de comercio entre Asia y Europa, donde la seda china fue apreciada desde tiempos romanos. Este ligero y suave tejido de una calidad luminosa y destellante, tenía gran demanda en el exterior y las potencias extranjeras ansiaban conocer el secreto de su fabricación. En el siglo VI, los espías europeos lograron descubrir la increíble verdad: se fabricaba con el finísimo hilo desenrollado de los capullos del gusano de seda.

EL VESTIDO

Los mandarines y otros funcionarios tenían que llevar ropa fina y joyas para mostrar su rango. Pero los monjes y sacerdotes hacían votos de pobreza y vestían túnicas muy sencillas y humildes.

EL ESTILO MANDARÍN

A partir del siglo XII, los manchúes del norte de China empezaron a crear modas en honor de su sirviente más fiel: el caballo. Esos estilos llegaron a tener éxito en otras partes de China. Las mangas eran anchas y se colocaban sobre las manos para semejar el casco del caballo; los sirvientes debían llevar el cabello afeitado al frente y trenzado en la parte de atrás, de tal manera que pareciera la cola de un caballo.

ALTO Y PODEROSO

Un mandarín era miembro de los altos mandos de la burocracia. Su calzado lo mantenía muy por encima de los mortales y alejado de la molesta suciedad. Esos zapatos podían usarse difícilmente para caminar, que sólo un campesino o un jornalero común podrían hacerlo. ¡Mientras más rico fuera el mandarín, más probable era su transportación a todas partes!

VENDAJE DE LOS PIES

Los pies pequeños eran considerados un signo de belleza: entre más pequeños, mejor. Alrededor del año 1000, las jóvenes llevaban los pies firmemente vendados para aumentar sus oportunidades de conseguir un buen marido. Finalmente el empeine se rompía, creando una especie de pezuña deforme. Caminar resultaba una agonía y aún así los poetas llamaban a los deformados pies los "lirios dorados". Esta tradición se mantuvo en China hasta principios del siglo XX.

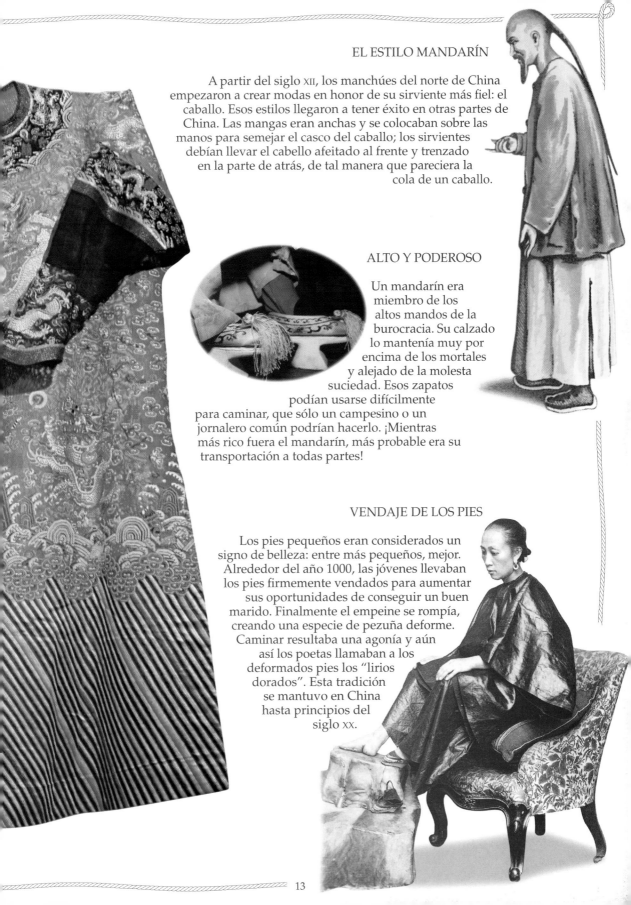

ARTE Y ARQUITECTURA

FIGURAS BELLAS

La escultura era altamente apreciada desde tiempos remotos. Este caballo blanco de barro se encontró en la tumba de Zhang Shigui, un noble de la dinastía Tang (618-907).

*L*a riqueza y sofisticación de la antigua China crearon algunos de los tesoros más valiosos del mundo. En tiempos en que el imperio era fuerte y estable, como en el apogeo de las dinastías Tang y Song, el arte chino floreció por todos los medios, incluyendo las estatuas de bronce, los textiles de seda, el trabajo de laca, los dibujos en tinta y la porcelana decorada. La arquitectura china evitaba los contornos rígidos y las aristas, y buscaba curvas suaves, como puede verse en los tejados chinos en forma de ala. Se creía que este estilo más suave creaba el *qi* bueno (energía). Un énfasis similar en las formas fluidas y la armonía natural se encuentra en las otras artes. Los pintores chinos se concentraban a menudo en las escenas de paisajes de shan shui (montañas y agua), con turbulentas neblinas y figuras humanas diminutas empequeñecidas por la belleza de la naturaleza.

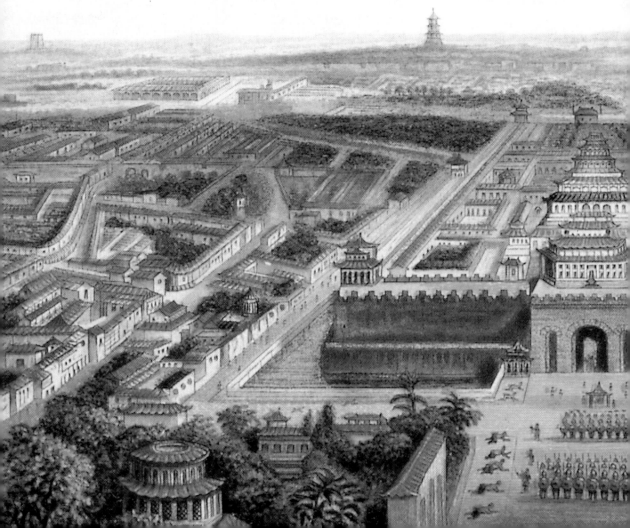

FENG SHUI

El feng shui (viento y agua) es lo que puede sentirse pero no verse, puede captarse pero no ser atrapado. Originalmente usado, en el siglo III, para encontrar sitios propicios para las tumbas, este conjunto de creencias y supersticiones fue adaptado para ayudar a contrarrestar las influencias desafortunadas en las casas. Incluso hoy, los maestros de feng shui usan un complejo compás, como el que se muestra a la izquierda, para determinar las influencias afortunadas y desafortunadas causadas por la posición de una casa.

ARTE DE LA EDAD DE BRONCE

La cultura Shang floreció en el norte de China alrededor del año 1000 a. C.; eran forjadores increíblemente avanzados: produjeron objetos de bronce que decoraban con imágenes de máscaras de monstruos mitológicos y figuras de animales. Algunos dibujos estaban divididos en espirales cuadradas que representaban el trueno, llamadas *leiwen*, con un solo ojo para indicar que simbolizaban a un ser vivo.

LA CIUDAD PROHIBIDA

La ciudad capital de China, Beijing, fue diseñada según modelos reticulares regulares funcionales para el transporte. La alineación norte-sur y este-oeste del cuadrado evocaba deliberadamente el feng shui de tiempos antiguos. En 1420 se construyó en el centro una ciudadela amurallada que sería la residencia del emperador y su familia. Cerrada a los extranjeros, era conocida como la Ciudad Prohibida.

SALUD Y MEDICINA

La medicina china se basa en curas herbarias y en la teoría del qi, una energía que se cree existe en todos los seres vivos. El qi de una persona tenía que mantenerse saludable y equilibrado, pues de otra manera se caía enfermo. El qi se mantenía bien mediante una dieta saludable y haciendo suficiente ejercicio. Sin embargo, aunque los antiguos chinos tenían ideas médicas, les faltaba la ciencia médica. Algunas curas surtían efecto por casualidad, mientras que otras provocaban más daño que beneficio. Ningún sistema podía demostrar qué curas funcionaban y cuáles no lo hacían. El recato no era de ayuda: los doctores no podían auscultar a las pacientes, y en su lugar usaban una muñeca para que indicaran dónde estaba el dolor.

MOXIBUSTIÓN

Algunos malestares y dolores se trataban con moxibustión, que consiste en hacer sahumerios de hojas secas de artemisa, aplicarlos a la piel y prenderlos (normalmente bajo un vaso para mantener el calor). Esta práctica todavía sigue en uso.

LA RAÍZ DE HOMBRE

El ginseng, que se puso de moda después del siglo XII, es una raíz aromática, a menudo con forma humana, y altamente apreciada por sus propiedades medicinales. Todo el ginseng de China se consideraba propiedad del emperador, aunque podía conceder una parte a sus súbditos leales. Se creía que una planta de ginseng se convertía en un hombre de sangre blanca si no se tocaba durante 300 años, y que la sangre de ese hombre podría resucitar a un muerto.

LA ACUPUNTURA

Los chinos creían que la energía circula a lo largo del cuerpo, pero que llegaba a desequilibrarse si los canales se bloqueaban. Hacia el siglo I surgió la ciencia de la acupuntura para tratar este problema. Consistía en insertar agujas en los puntos especiales del cuerpo que se muestran en esta estatua. Actualmente se sigue usando y se cree que la acupuntura estimula los mecanismos de autodefensa del cuerpo y también se utiliza como anestésico.

LAS GUERRAS DEL OPIO

El opio se usó ampliamente en China como analgésico, pero se le dio otros usos durante la etapa final de la dinastía Ming (1368-1644). Con la llegada del tabaco desde América, la gente empezó a fumar una mezcla de las dos drogas. Los opiómanos apáticos y débiles se volvieron un grave problema y la droga fue prohibida. Sin embargo, llegaron grandes cantidades de opio con los comerciantes británicos, quienes lo usaban para pagar el té. En 1840, esto llevó a la Guerra del Opio que terminó en la derrota de China e Inglaterra ocupó Hong Kong como parte del acuerdo.

EJERCICIO MATUTINO

Los chinos siempre han creído que el ejercicio y una vida sana fortalecen la energía del cuerpo y alargan la vida. Uno de estos ejercicios era el tai chi, un régimen combinado de calistenia que también podía usarse como arte marcial. Al fortalecer el cuerpo, se decía, también se daba fuerza a la mente. Otros ejercicios físicos eran el boxeo gong-fu, que conocemos hoy como kung fu.

CURAS MISTERIOSAS

La falta de un método científico en la medicina china ha significado que algunas curas funcionen bien, mientras que otras se basan sólo en la superstición. La cornamenta de ciervo se importó en grandes cantidades para usarla en medicinas, quizá porque la palabra china para ciervo suena un poco como "fácil" en algunos dialectos.

AMOR Y MATRIMONIO

En la antigua China, la gente anteponía su deber familiar a sus sentimientos personales. Los matrimonios eran concertados por casamenteros profesionales, a veces incluso antes de que nacieran los novios. Tales alianzas convirtieron a enemigos en consuegros que fueron obligados a respetarse y ayudarse. Una novia tenía que dejar a un lado a su familia y volverse un miembro de la familia de su marido. En su nueva casa, ella tenía que rendir culto a los antepasados y obedecer a los padres de él.

LAS AVES DEL AMOR

Debido a que los patos mandarín escogen a su pareja para toda la vida, se han convertido en el símbolo chino de un matrimonio amoroso y fiel. Los gansos salvajes en vuelo eran los símbolos de la comunicación lejana. Aparecen en muchos poemas sobre amantes a quienes se obligó a vivir separados, esperando las noticias del otro.

ESPOSAS DE SEGUNDA CLASE

Un hombre podía tener sólo una esposa que compartiría cualquier título u honor que él ganara durante su vida. Sin embargo, él era libre de tomar concubinas para aumentar sus oportunidades de tener más hijos. Como una "esposa" de segunda clase, una concubina podía ser maltratada tanto por la madre como por la primera esposa de su marido.

DIVORCIO

Un hombre podía divorciarse de su esposa si ella era estéril, indecente o celosa, si tenía una enfermedad, si hubiera robado algo o si deshonrara a sus parientes políticos. Incluso podía pedírsele el divorcio si hablaba demasiado. Sin embargo, él no podía divorciarse de ella durante un periodo de luto, si hubiera obtenido dinero o si ella no tuviera ninguna casa adónde ir.

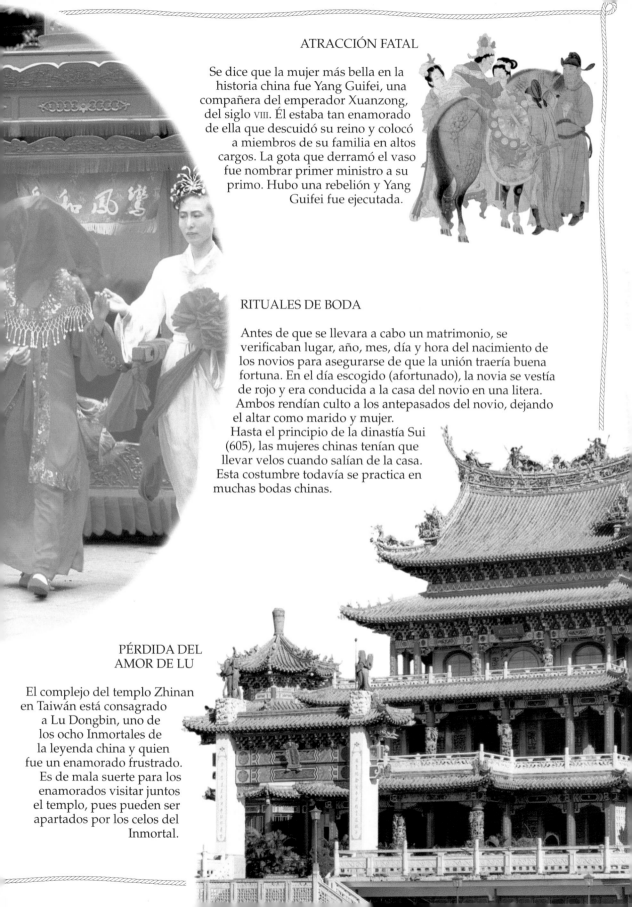

ATRACCIÓN FATAL

Se dice que la mujer más bella en la historia china fue Yang Guifei, una compañera del emperador Xuanzong, del siglo VIII. Él estaba tan enamorado de ella que descuidó su reino y colocó a miembros de su familia en altos cargos. La gota que derramó el vaso fue nombrar primer ministro a su primo. Hubo una rebelión y Yang Guifei fue ejecutada.

RITUALES DE BODA

Antes de que se llevara a cabo un matrimonio, se verificaban lugar, año, mes, día y hora del nacimiento de los novios para asegurarse de que la unión traería buena fortuna. En el día escogido (afortunado), la novia se vestía de rojo y era conducida a la casa del novio en una litera. Ambos rendían culto a los antepasados del novio, dejando el altar como marido y mujer.

Hasta el principio de la dinastía Sui (605), las mujeres chinas tenían que llevar velos cuando salían de la casa. Esta costumbre todavía se practica en muchas bodas chinas.

PÉRDIDA DEL AMOR DE LU

El complejo del templo Zhinan en Taiwán está consagrado a Lu Dongbin, uno de los ocho Inmortales de la leyenda china y quien fue un enamorado frustrado. Es de mala suerte para los enamorados visitar juntos el templo, pues pueden ser apartados por los celos del Inmortal.

MUJERES Y NIÑOS

LA GRANADA

La granada es una fruta rebosante de semillas por lo que llegó a ser el símbolo chino de la fertilidad. Se ponían granadas en las casas de las parejas que esperaban tener más hijos. Sin embargo, las parejas que ya tenían demasiadas bocas que alimentar intentaban evitarlas a toda costa.

Según la filosofía china antigua el universo era un lugar en búsqueda constante de armonía y equilibrio. Aplicando esto a los hombres y mujeres, se consideraba que el deber del primero era ordenar y el de la segunda obedecer. La vida real, sin embargo, no era tan simple. Las mujeres podían ejercer gran autoridad sobre sus hijos y varios emperadores eran títeres de sus poderosas madres. Aunque habiendo jurado obedecer a su marido, la esposa era la jefa en su casa. Incluso el filósofo Confucio se quejaba una vez: "Cuando está cerca es insolente. Cuando está lejos, riñe."

LA EMPERATRIZ VIUDA

La emperatriz viuda Zi Xi (1835-1908) fue la última de muchas gobernantes mujeres, remontándonos hasta el siglo I, que puso a una persona débil en el trono para que ella pudiera gobernar entre bastidores. La persona débil en cuestión era su propio hijo, el emperador Tongzhi. Aunque un emperador era todopoderoso, estaba obligado a obedecer a sus padres vivos, y a veces una madre podía usar su poder sobre su hijo para gobernar a la nación entera.

EL DESTINO DEL UNICORNIO

Se decía que el unicornio chino, o *jilin*, había aparecido poco antes de la muerte de Confucio para anunciar un tiempo de gran paz y prosperidad. Se creía que un unicornio traía la suerte a los padres en forma de un niño genio, y se colocaban a menudo imágenes de ellos cerca de las cunas. Tales leyendas de criaturas fantásticas se reforzaron cuando el almirante Zheng-He trajo una jirafa de su viaje por mar a África y dejó azorada a la corte china.

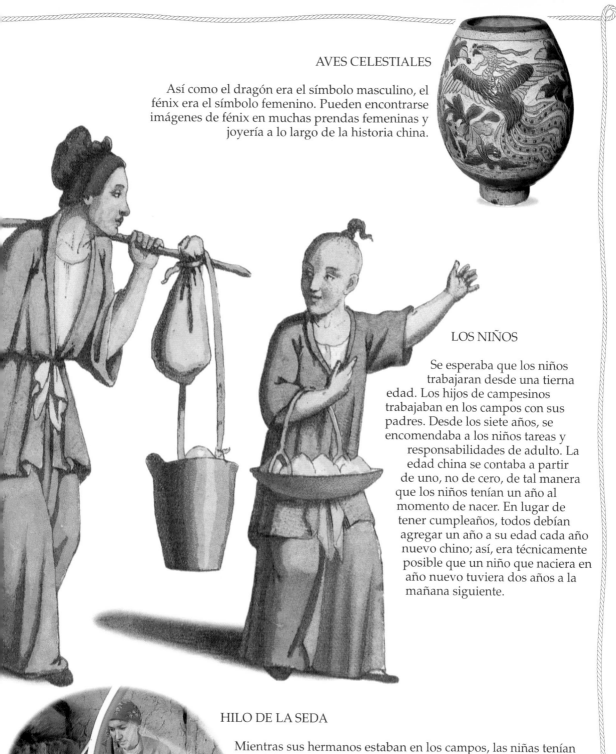

AVES CELESTIALES

Así como el dragón era el símbolo masculino, el fénix era el símbolo femenino. Pueden encontrarse imágenes de fénix en muchas prendas femeninas y joyería a lo largo de la historia china.

LOS NIÑOS

Se esperaba que los niños trabajaran desde una tierna edad. Los hijos de campesinos trabajaban en los campos con sus padres. Desde los siete años, se encomendaba a los niños tareas y responsabilidades de adulto. La edad china se contaba a partir de uno, no de cero, de tal manera que los niños tenían un año al momento de nacer. En lugar de tener cumpleaños, todos debían agregar un año a su edad cada año nuevo chino; así, era técnicamente posible que un niño que naciera en año nuevo tuviera dos años a la mañana siguiente.

HILO DE LA SEDA

Mientras sus hermanos estaban en los campos, las niñas tenían que hilar y tejer. Una familia pobre temía el nacimiento de una niña. Ella sería una boca más que alimentar hasta que pudieran casarla, punto en el cual tendrían que pagar una dote a la familia de su futuro marido. Pasara lo que pasara, la novia no tenía mucho que decir en relación con su destino. Según la tradición confuciana, se suponía que una muchacha obedecía a sus padres hasta casarse, a su marido hasta la muerte de él y a su hijo mayor hasta que ella moría.

INVASORES EXTERNOS

La Gran Muralla no siempre funcionó. En el siglo IV fue cruzada por el pueblo Tabgatch de Mongolia interior que fundó la dinastía Wei. En el siglo XII, los pueblos de las estepas se unieron bajo su gobernante más fuerte, Genghis Khan. Su nieto Kublai conquistó China y fundó la dinastía Yuan en 1271. Ésta fue derrocada a finales del siglo XVII cuando los manchúes invadieron China y se mantuvieron en el poder hasta principios del siglo XX.

LA ARMADURA

Las túnicas restringían el movimiento, de manera que los soldados chinos llevaban pantalones, para facilitar la equitación. Protegían la mayor parte del cuerpo con cuero duro, y con acolchamientos extra para amortiguar los golpes. Los jinetes llevaban protección adicional en las piernas. Las placas de metal eran raras, excepto en el pecho, en los últimos años. La mayoría de los soldados llevaba pequeños botones de metal para desviar las espadas enemigas. Los soldados chinos pintaban a menudo la cabeza de un tigre en sus escudos, o incluso se vestían imitando la piel de tigre, incluyendo la cola. Como "el Rey de las Bestias", la imagen del tigre pretendía llenar de pavor los corazones de los enemigos de China.

LOS SOLDADOS DE TERRACOTA

Sabemos mucho del arte de la guerra china por los vestigios encontrados en los sitios arqueológicos, sobre todo el Ejército de Terracota del famoso Emperador Qin. Consiste en más de 6000 estatuas de tamaño natural que guardan su tumba. La mayoría de los soldados, sin embargo, están desarmados. Las armas reales que llevaban fueron saqueadas durante una rebelión en el año 206 a. C.

GUERRA Y ARMAMENTO

En algunas partes de China el clima es propicio para la agricultura; en otras, sólo para el pastoreo. La zona fronteriza del norte permite ambos, y a lo largo de la historia fue escenario de constantes luchas. Las mayores amenazas a China llegaron de las llanuras de Asia, de tribus como los mongoles y los hunos (Xiong-nu). Los soldados de China perfeccionaron su armamento para rechazar a los invasores bárbaros (extranjeros). Las armas de hierro sustituyeron a las de bronce durante el siglo VII a. C., cuando los chinos inventaron la ballesta. Desde el 500 a. C., montaron los caballos en lugar de usarlos sólo para tirar los carros. Las triples filas de arqueros y ballesteros mantenían una lluvia constante de flechas; los aurigas y jinetes penetraban las líneas enemigas; y los humildes soldados de a pie atacaban con espada y lanza.

LA PÓLVORA

La pólvora se usó por primera vez en fuegos artificiales durante el siglo VII. Hoy todavía se usan los cohetes para asustar a los malos espíritus en ocasiones importantes. Algunos también se usaron con fines bélicos, disparados a las líneas enemigas para sembrar el caos. Los invasores mongoles de Genghis y Kublai Khan usaron por primera vez en China armas de fuego occidentales.

LA GRAN MURALLA

El Primer Emperador ordenó construir la Gran Muralla China para defenderse contra la invasión de las tribus nómadas de las llanuras más allá de China. En conjunto, tiene más de 6000 km de largo y cuenta con una serie de atalayas a todo lo largo. Aunque partes de ella datan del siglo III a. C., las zonas más famosas son las restauradas en la dinastía Ming durante los siglos XV y XVI. En su extremo occidental, es poco más que un banco de barro.

POMPA Y CEREMONIA

No todas las armas eran para luchar. Esta hacha de la dinastía Shang tiene un asa de bronce y una hoja de jade que no habría sido de mucha utilidad en el combate. Es más probable que se usara con propósitos ceremoniales. Se creía que una hoja de jade tenía propiedades mágicas.

CRIMEN Y CASTIGO

Los jueces chinos
tenían imágenes
de grullas en sus
tribunales y esta
ave llegó a ser
un símbolo de la
justicia.

En la China antigua se aplicaban varios tipos de castigo a los delincuentes. Los más leves consistían en azotes o en colocarles un cepo de madera. El siguiente nivel implicaba el destierro por tiempo limitado o permanente. La pena de muerte variaba según la gravedad del delito. El método más simple era la decapitación directa, pero a los verdaderos criminales (como los que habían asesinado a sus padres) se les sometía a la terrible "muerte lenta", que consistía en cortarlos en pedazos poco a poco estando vivos.

VIALIDAD

Normas estrictas regían el tránsito en las calles chinas. Los peatones tenían que ceder el paso a los coolíes que llevaban cargas pesadas. Los coolíes debían cederlo a las literas vacías. Éstas, a las ocupadas. Estas otras debían ceder el paso a los caballos, y todos debían cederlo a un cortejo nupcial o a un funcionario importante. Apearse para saludar a los amigos era una cortesía, por lo que los peatones usaban a menudo un abanico para ocultarse de quienes iban a caballo o en litera. De otra manera, éstos se veían obligados a descender para saludarlos.

EL YUGO DEL DELINCUENTE

Los ladrones de poca monta y otros delincuentes menores eran condenados a usar un pesado collar de madera llamado cepo. Generalmente se quitaba por la noche, pero durante el día tenían que recibir ayuda de sus amigos, ya que no podían alimentarse por sí mismos.

DECAPITACIÓN

Las ejecuciones se realizaban con una espada pesada que permitía descargar el golpe con la mayor limpieza y velocidad posible. La espada del verdugo era demasiado pesada para usarla en combate; sólo era buena para cortar cabezas.

PALIZA

Algunos delincuentes eran azotados con un bambú aplanado. Había dos tipos de instrumento, el pesado y el ligero, y al condenado se le golpeaba en la espalda. Sin embargo, el emperador Kang Xi de la dinastía Qing decretó que era preferible descargar los golpes en los glúteos, pues allí había menos riesgo de dañar los órganos internos.

MÉTODOS DE TORTURA

Se permitía a los magistrados obtener confesiones mediante la tortura. Se podía azotar a los hombres y abofetear a las mujeres con un pedazo de cuero. El tormento chino con agua consistía en el goteo lento sobre la víctima, que normalmente estaba envuelta en una tela. Como ésta se empapaba poco a poco le resultaba casi imposible a la persona respirar. Había también un dispositivo para apretar los dedos o los tobillos hasta que los huesos se frotaban entre sí dolorosamente.

CARRETILLAS

Los diseños más antiguos de la carretilla de mano china datan del siglo I. Con la rueda bajo la parte principal, se podía levantar hasta 135 kg de peso y se usó extensamente para remplazar a los carros en caminos angostos.

RELOJES DE AGUA

El tiempo se medía con una clepsidra, o reloj de agua, que consistía originalmente en varios frascos. Cada uno se vaciaba después de cierto tiempo, y se podían hacer mediciones más exactas con una varilla de bambú para medir cuánta agua (y tiempo) quedaba. Los relojes de agua son un invento chino muy antiguo, pero se les mencionó en la literatura hasta principios del siglo I a. C.

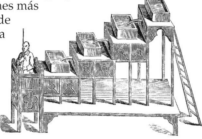

EL PAPEL, LA PULPA Y EL PERGAMINO

Aunque ya se usaba en China una forma de pergamino en la dinastía Han, el legendario inventor del papel fue Cai Lun, quien murió en el año 114. Se dice que hizo sus primeras hojas con lino viejo, estopa y pedazos de red para pescar. Se usaba normalmente papel hecho con paja de arroz o pulpa de bambú. Se utilizaban hojas de papiro fuertes en las ventanas como sustituto barato del vidrio. Se consideraba de muy mala suerte caminar sobre papel impreso con palabras, o incluso tirarlo. Tenía que quemarse cuidadosamente para evitar las desgracias. La ilustración muestra el papel húmedo colocado en rejillas para secarse al sol.

LA QUEMA DE LOS LIBROS

En el año 213 a. C., el emperador Qin, aconsejado por su primer ministro, decidió quemar todos los archivos de dinastías anteriores y todos los libros que no fueran de adivinación o de uso médico o agrícola. Se creía que la dinastía Qin era tan grande que ninguna literatura anterior podía ser de interés. Documentos y registros de descubrimientos importantes e irremplazables fueron quemados. Esto también ayudaba al emperador Qin a controlar lo que leía el pueblo. Cientos de personas fueron quemadas vivas cuando se les descubrió escondiendo libros. Algunos libros anteriores a este periodo sobrevivieron por accidente. Varios cientos de años después, el emperador Yuan de la dinastía Liang quemó otros 140 000 libros por razones parecidas.

TRANSPORTE Y CIENCIA

A pesar de los desastres ocasionales, como la quema de libros, China fue una civilización avanzada. En la guerra contaban con ballestas y fuegos artificiales, y en la industria ya usaban molinos de agua para dar potencia a las forjas desde el siglo I. Pero la "ciencia" como método de comprobación de ideas anteriores era casi desconocida. En los siglos posteriores, China estuvo limitada por su propio sistema educativo. Incluso en el siglo XIX la única manera de avanzar era estudiando a los clásicos, y los funcionarios desaprobaban a las personas que conocían artes modernas, como la ingeniería, las máquinas de vapor o la medicina.

Las matemáticas en China se hacían con el ábaco, o tablero para contar, del que a menudo se ha dicho que es una forma primitiva de computadora. Cada fila representa las unidades, las decenas, las centenas, los millares y así sucesivamente, y el cálculo puede hacerse tan rápido como con pluma y papel. Aunque con pluma y papel se puede revisar lo anterior para detectar errores. Nuestra palabra ábaco viene del hebreo *abak*, polvo. Éste se ponía en un tablero en el que las personas escribían sus sumas.

DETECCIÓN DE TEMBLORES

El científico Zhang Heng inventó este sismógrafo en el año 132. Un péndulo interior golpeaba contra los lados si había un temblor, provocando que una pelota cayera de la boca de un dragón a la boca de una rana. La rana que recogía la pelota mostraba exactamente la dirección del temblor. Un año antes de su muerte, en el año 138, Zhang detectó con su dispositivo un terremoto a 700 km de distancia.

LAS LITERAS

Los funcionarios importantes eran llevados en una litera por un grupo de hombres. El emperador se permitía dieciséis portadores, los príncipes y gobernadores ocho y otros funcionarios cuatro. Los demás que podían pagarlo se permitían sólo dos.

RELIGIÓN

En la antigua China se consideraba ofensivo imponerse sobre aquellos que estaban demasiado arriba o muy por debajo de uno mismo en rango, y esto incluso se aplicaba después de la vida. Los devotos sólo podían rogar a sus antepasados y familia, o a espíritus de una clase similar. Los chinos creían que el siguiente mundo era igual a éste, y que podían enviar ayuda a sus antepasados quemando efigies de papel en el mundo real. El emperador oraba a los dioses más poderosos, para conservar la tierra libre de las inundaciones y el hambre. Algunas veces se usaron las catástrofes naturales como excusa para las revueltas, culpando al emperador por faltar a sus deberes divinos. Como en la China actual, no había una sola religión, sino varias doctrinas coexistiendo.

DAOÍSMO

El daoísmo fue fundado en el siglo VI a. C. por Lao Zi. Era una filosofía que predicaba la armonía en todas las cosas, representada por la unión del caos y el orden, lo negativo y lo positivo, la tierra y el cielo en el símbolo del yin-yang.

EL CONFUCIANISMO

Confucio trató de que el mundo fuera un mejor lugar con reglas precisas en una escala reducida. Pensaba que si cada persona conocía su lugar en la familia, entonces se fortalecerían cada pueblo, ciudad y provincia, y finalmente el Estado entero llegaría a ser perfecto. El confucianismo predicó la lealtad y el respeto a los antepasados.

EL BUDISMO

El budismo llegó por primera vez a China en el siglo I, desde India, aunque hay historias muy antiguas que hablan de misioneros budistas encarcelados por el emperador Qin que fueron rescatados por un ángel. Al principio fue una religión urbana, que después se extendió poco a poco a las zonas rurales donde los creyentes la combinaron con elementos del daoísmo. Los budistas creen que sólo se puede ser verdaderamente feliz si se deja de anhelar las cosas y se trabaja para erradicar de la propia vida todo deseo. Su último objetivo es alcanzar la iluminación a través de la reencarnación.

QUEMA DE INCIENSO

El incienso se hace con el polvo de ciertas maderas aromáticas mezclado con arcilla. Las varitas se queman despacio para llenar el aire con su perfume; algunas tienen marcas para indicar el paso del tiempo. En la antigua China se quemaba incienso para honrar a los dioses.

LOS HORÓSCOPOS

Los horóscopos chinos eran una parte importante de la vida cotidiana. Los adivinos determinaban cuál de los doce animales diferentes regiría el año del nacimiento de una persona. Los animales eran: Rata, Buey, Tigre, Conejo, Dragón, Serpiente, Caballo, Oveja, Mono, Gallo, Perro y Cerdo, para después volver a la Rata. El año 2003 fue regido por la Oveja, así se puede contar hacia adelante o hacia atrás para saber qué animal rige.

CREENCIAS EXTERNAS

El budismo no es la única importación del extranjero. Muchos de los grupos étnicos de China tienen sus propias creencias, entre los que se encuentran comunidades milenarias de cristianos y musulmanes. Éste es el palacio de Potala, la antigua casa del líder religioso del Tíbet, el Dalai Lama.

MALOS ESPÍRITUS

El arte mágico del feng shui buscaba proteger al individuo de los fantasmas rapaces y los espíritus malvados. Se creía que los guardianes simbólicos podían mantener a raya las amenazas sobrenaturales, de aquí que hubiera estatuas como este terrorífico león de piedra, encontrado fuera de una tumba china.

LA MEDICINA BUENA

Los aspectos positivos de la medicina china, como la herbolaria y la acupuntura, se han extendido por todo el mundo. Hoy es rara la ciudad que no cuente por lo menos con una tienda de remedios chinos tradicionales.

LEGADO DEL PASADO

El mayor legado de la antigua China es la China moderna. A diferencia de muchas otras civilizaciones antiguas, hoy todavía subsiste, más grande y más poderosa que antes. Pero hay muchas Chinas diferentes. Está la antigua civilización histórica, el inmenso Estado comunista, las naciones del pequeño "dragón chino", como Singapur y Taiwán, y las millones de personas de origen chino alrededor del mundo. Ya no hay ningún emperador, pero China sigue siendo una gran superpotencia y parte medular en la política y el comercio mundial. La gente sigue llamando a su nación Zhong Guo, "el Reino Medio".

HONG KONG

Tomado por los ingleses después de la Guerra del Opio, Hong Kong fue devuelto a China en 1997. En ese lapso, se convirtió en un centro de comercio, una delgada franja de tierra sembrada de rascacielos. Este gigantesco edificio es propiedad del Banco de China y fue diseñado de acuerdo con las reglas del feng shui. Algunos lugareños discreparon, pues consideraron que parecía una daga gigante: de muy mala suerte.

LA BALADA DE MULAN

En el siglo VI las canciones hablaban de Hua Mulan ("la Magnolia"), una muchacha que se unió al ejército en lugar de su padre. Ella luchó durante 12 años disfrazada de hombre, pero cuando se le ofreció un lugar en la corte del Khan (China en ese momento era gobernada por los nómadas extranjeros Tabgatch), ella en cambio solicitó un camello para cabalgar hacia su casa con su familia. La historia todavía es famosa hoy.

PUÑOS DE FURIA

Bruce Lee (1940-1973) sigue siendo uno de los rostros chinos más conocidos alrededor del mundo. Nacido en Estados Unidos, Lee se hizo maestro de artes marciales en la costa oeste de Norteamérica. Se le recuerda por sus películas de kung fu, como *El año del dragón*. Lee y sus sucesores popularizaron las artes marciales chinas en el extranjero como un deporte.

EL ORIENTE ES ROJO

El Último Emperador fue derrocado en 1912, pero la República de China pronto tuvo dificultades. Después de la invasión japonesa y de la guerra civil, los republicanos fueron obligados a retirarse a la isla de Taiwán y el presidente Mao, un ex bibliotecario, proclamó la República Popular en 1949. Aunque los comunistas eran indiscutiblemente los gobernantes de China, los republicanos de Taiwán todavía reclamaban ser los verdaderos gobernantes. Estados Unidos reconoció a los comunistas en 1973, cuando el entonces presidente Richard M. Nixon realizó una visita de buena voluntad.

¿SABÍAS QUE…

hay miles de caracteres chinos? El número total de caracteres chinos y variantes se estima en 40 000, aunque quizá nadie podría enumerarlos o aprenderlos todos. La mayoría son palabras antiguas y extintas o ideas sumamente complejas de campos especializados. Para alcanzar un nivel razonable de habilidad en la lectura china, necesitarías memorizar por lo menos 5000 caracteres.

los artemarcialistas sostuvieron una vez una guerra contra los cristianos? La Cristiandad echó raíces en partes de China en el año 631. Cuando los grupos organizados de misioneros llegaron muchos siglos después, a los locales se les escuchó quejarse de que las agujas de las iglesias erigidas por los "diablos de Jesús" contravenían el feng shui del área. Hacia finales de la dinastía Qing en 1899, las áreas pobres fueron testigos de la rebelión de los Boxers contra la Cristiandad y todas las demás influencias extranjeras.
Los Boxers eran artemarcialistas que clamaban su invulnerabilidad mágica a las espadas y balas extranjeras. Algunos entraban en trance al ser poseídos por el Dios de la Guerra.

las carpas doradas son bebés dragones? Según algunos cuentos chinos, una carpa dorada se convierte en un dragón cuando muere y pasa a través de las Puertas del Cielo. Volverá para vengarse si sus dueños la maltrataron o para concederles gran fortuna si fueron amables con ella.

el oro y la seda pueden matar? En los archivos chinos antiguos, si se decía que alguien había "tragado oro" significaba que había muerto por envenenamiento. Si un funcionario era "obsequiado con seda", el emperador ordenaba su ahorcamiento.

fueron prohibidos los juegos de adivinanzas de medianoche? El Chai Mui era un juego entre dos personas que levantaban una mano cada una, con algunos, todos o ninguno de los dedos desplegados, y gritaban simultáneamente la suma adivinada de las dos manos. La suposición más cercana era la ganadora. Durante la dinastía Qing, los juegos de Chai Mui se volvieron tan ruidosos que el gobernador de Hong Kong prohibió que se realizaran entre las 11 de la noche y las 6 de la mañana.

RECONOCIMIENTOS

Para Ellis Tinios

Agradecemos a Helen Wire, Elizabeth Wiggans y a Judith Luk de Joint Publications.

Créditos a fotografías e ilustraciones: s = superior, i = inferior, c = centro, iz = izquierda, d = derecha, p = portada, pi = portada interior.

AKG: 4iiz, 4siz, 5siz, 9s, 9id, 11sd, 11ciz, 13id, 16iiz, 17s, 24cd, 25sd, 26sd, 26-27c, 27iiz, 28-29c y p. Ancient Art and Architecture Collection: 2siz, 2iiz, 3id, 4ci, 12iiz y p, 21sd, 21iiz, 25siz, 27sd, 29ciz, 29sd y p. The British Museum: 18id. Ann Ronan @ Image Select: 2-3c, 6sd, 6-7, 13sd, 14-15, 20cd, 20-21cd, 28iiz, 32c. Corbis: 4c, 10ciz, 12siz, 13ciz, 17id, 20siz, 25id. De archivo: 8cd, 19sd, 22siz. Heather Angel: 16siz. Holt Studios International: 8iiz, 9iiz. The Hutchinson Library: 18-19c. Images Colour Library: 10siz, 14-15sd, 16-17c. Image Select: 6iiz, 6id, 22iiz, 23iiz, 26iiz, 29siz, 30id, 31iiz. Jean Loup Charmet: 26c. Oxford Scientific Films: 18siz, 24siz. Ronald Grant Archive: 30iiz, 31. Science and Society: 27id. Spectrum: 10-11c, p y pi-1, 11cd, 17ciz, 19id y p, 23sd. Still Pictures: 30sd. Tony Stone Images: 8siz, 22cd. Werner Foreman Archive: 5sd, 11id, 12-13c, 20iiz, 23i, 29id, 24-25c. *Everyday Life Through the Ages* de Reader's Digest.

Se ha hecho todo el esfuerzo posible para localizar a los poseedores de los derechos y pedimos disculpas anticipadamente por cualquier omisión involuntaria.
Nos complacería insertar el reconocimiento correspondiente en cualquier edición subsiguiente a esta publicación.